BEI GRIN MACHT SICH IHR WISSEN BEZAHLT

- Wir veröffentlichen Ihre Hausarbeit, Bachelor- und Masterarbeit

- Ihr eigenes eBook und Buch - weltweit in allen wichtigen Shops

- Verdienen Sie an jedem Verkauf

Jetzt bei www.GRIN.com hochladen und kostenlos publizieren

Bibliografische Information der Deutschen Nationalbibliothek:

Die Deutsche Bibliothek verzeichnet diese Publikation in der Deutschen National-
bibliografie; detaillierte bibliografische Daten sind im Internet über http://dnb.d-
nb.de/ abrufbar.

Dieses Werk sowie alle darin enthaltenen einzelnen Beiträge und Abbildungen
sind urheberrechtlich geschützt. Jede Verwertung, die nicht ausdrücklich vom
Urheberrechtsschutz zugelassen ist, bedarf der vorherigen Zustimmung des Verla-
ges. Das gilt insbesondere für Vervielfältigungen, Bearbeitungen, Übersetzungen,
Mikroverfilmungen, Auswertungen durch Datenbanken und für die Einspeicherung
und Verarbeitung in elektronische Systeme. Alle Rechte, auch die des auszugsweisen
Nachdrucks, der fotomechanischen Wiedergabe (einschließlich Mikrokopie) sowie
der Auswertung durch Datenbanken oder ähnliche Einrichtungen, vorbehalten.

Impressum:

Copyright © 2018 GRIN Verlag
Druck und Bindung: Books on Demand GmbH, Norderstedt Germany
ISBN: 9783668950740

Dieses Buch bei GRIN:

https://www.grin.com/document/470532

Anonym

Trainingsplanung zur Beweglichkeit und Koordination für eine männliche Testperson

GRIN Verlag

GRIN - Your knowledge has value

Der GRIN Verlag publiziert seit 1998 wissenschaftliche Arbeiten von Studenten, Hochschullehrern und anderen Akademikern als eBook und gedrucktes Buch. Die Verlagswebsite www.grin.com ist die ideale Plattform zur Veröffentlichung von Hausarbeiten, Abschlussarbeiten, wissenschaftlichen Aufsätzen, Dissertationen und Fachbüchern.

Besuchen Sie uns im Internet:

http://www.grin.com/

http://www.facebook.com/grincom

http://www.twitter.com/grin_com

Deutsche Hochschule für

Prävention und Gesundheitsmanagement

Hermann Neuberger Sportschule 3

66123 Saarbrücken

Einsendeaufgabe

Fachmodul: Trainingslehre 3

Studiengang: BFÖ

Datum
Präsenzphase 5.11.-7.11.18

Studienort: Saarbrücken

Semester: WS 2016

Inhaltsverzeichnis

Personendaten	3
Beweglichkeitstestung	4
Trainingsplanung Beweglichkeitstraining	6
Trainingsplanung Koordinationstraining	9
Literaturrecherche	11
Literaturverzeichnis	12
Tabellenverzeichnis	13

1 Personendaten

Es folgt eine tabellarische Darstellung der biometrischen Daten unserer Testperson.

Tabelle 1: Allgemeine biometrische Daten

Allgemeine Daten	Personenangaben	Bewertung	Normwert
Geschlecht	Männlich		
Alter	27		
Körpergewicht	95 kg		
Körpergröße	175 cm		
Körperfettanteil (KFA)	12 %	Normaler KFA	8,0 %-19,9 %
Segmentale Fettmasse	12,5 kg	Segmentale Fettmasse im Normbereich	8,42 kg (entspricht 8 % KFA) - 20,95 kg (entspricht 19,9 % KFA)
Berufliche Tätigkeit	Fachkraft im Büro	Sitzende Tätigkeit	
Aktuelle und frühere sportliche Aktivitäten	7 Monate Fitness und Kraftsport ohne Trainingsplan		
Trainingsmotivation	Ausgleich zum Alltag finden Fitter werden		
Zeitlicher Verfügungsrahmen	3 Tage pro Woche		
Leistungsstufe	Eher trainiert		
Blutdruck	Systolischer Blutdruck 118 mmHg Diastolischer Blutdruck 78 mmHg	Optimaler Blutdruck: Systolischer Blutdruck unter 120 mmHg Diastolischer Blutdruck unter 80 mmHg	Normaler Blutdruck: Systolischer Blutdruck unter 130 mmHg Diastolischer Blutdruck unter 85 mmHg
Ruhepuls	61	Normal	60-80
Orthopädische Probleme	Keine		
Internistische Probleme	Keine		
Einnahme von Medikamenten	Keine		
Ärztliche Behandlungen	Keine		
Sonstige Einschränkungen	Keine		

Die Testperson wird aus Gründen des Datenschutzgesetzes Herr Mustermann genannt. Bei Herr Mustermann handelt es um einen Breitensportler, der keinerlei gesundheitliche Beschwerden aufweist. Demzufolge gibt es keine Einschränkungen im Hinblick auf ein Beweglichkeits- und Koordinationstraining. Ruhepuls, Blutdruck und Körperfettanteil befinden sich alle im Normbereich. Herr Musterman ist nicht in ärztlicher Behandlung und hat keine internistischen- oder orthopädischen Probleme. Da die Testperson noch nicht lange aktiv Sport betreibt ist abzuwarten, wie die folgenden Beweglichkeitstests ausfallen. Durch seine größtenteils sitzende Aktivität, könnte von Einschränkungen in der Beweglichkeit ausgegangen werden.

2 Beweglichkeitstestung

Es folgt eine tabellarische Darstellung der manuellen Beweglichkeitstestung nach Janda (2000) mit den Ergebnissen für Herr Mustermann.

Tabelle 2: Beweglichkeitstestung Herr Mustermann

Testübung	Testdurchführung	Normwerte	Testergebnis
Test der Brustmuskulatur (M. pectoralis major)	Herr Mustermann liegt in Rückenlage auf einer Behandlungsliege, die Beine sind zur Fixierung des Beckens aufgestellt. Der zu testende Arm hat keine Auflagefläche mehr und ist im Schultergelenk 90° abduziert und außenrotiert, im Ellbogengelenk 90° gebeugt, die Handfläche ist nach oben gedreht. Messbereich ist die Position des Oberarms in Relation zur Horizontalen, ein Ausweichen des Beckens manipuliert das Testergebnis und ist zu vermeiden.	Stufe 0= Oberarm erreicht Horizontale Stufe 1 = Oberarm erreicht Horizontale durch Druck des Testers Stufe 2 = Oberarm erreicht Horizontale auch durch Druck des Testers nicht	Rechts: Stufe 0 Links: Stufe 0
Test der Hüftbeugemuskulatur (M. iliopsoas)	Herr Mustermann liegt in Rückenlage auf einer Liege, das Gesäß schließt mit dem Rand der Liege ab. Ein Bein wird angewinkelt und an den Brustkorb gezogen. Das zu testende Bein hängt locker über den Rand der Liege. Messbereich ist die Position des Oberschenkels in Relation zur Horizontalen. Ein Ausweichen in der Lendenwirbelsäule ist zu vermeiden.	Stufe 0 = Oberschenkel erreicht Horizontale Stufe 1 = Oberschenkel erreicht Horizontale durch Druck des Testers Stufe 2 = Oberschenkel erreicht Horizontale auch durch Druck des Testers nicht	Rechts: Stufe 0 Links: Stufe 0
Test der Kniestreckmuskulatur (M. rectus femoris)	Herr Mustermann liegt wie in vorheriger Postion in Rückenlage auf der Liege und das zu testende Bein im Überhang. Das andere angewinkelt zum Brustkorb gezogen. Der Tester fixiert den Oberschenkel des zu testenden Beins in der maximalen Hüftextension. Messbereich ist der Beugewinkel im Kniegelenk. Ein Ausweichen in der Lendenwirbelsäule ist zu vermeiden.	Stufe 0 = Unterschenkel hängt senkrecht herab Stufe 1 = Unterschenkel erreicht 90° im Kniegelenk durch Druck des Testers Stufe 2 = Unterschenkel erreicht 90° im Kniegelenk auch durch Druck des Testers nicht	Rechts: Stufe 0 Links: Stufe 0
Test der Beinbeuger (Mm.	Herr Mustermann nimmt	Stufe 0 = Kein Beweglich-	Rechts: Stufe 0

Testübung	Testdurchführung	Normwerte	Testergebnis
ischiocrurales)	kommt in Rückenlage auf die Behandlungsliege. Das zu testende Bein ist im Hüft- und Kniegelenk gebeugt. Das zu testende Bein wird vom Tester bei gestrecktem Kniegelenk in die maximal mögliche Hüftflexion geführt (die Patella bleibt bei der Fixierung frei). Als Messbereich gilt der Winkel zwischen Beinachse und Longitudinalachse (Hüftbeugewinkel). Bei der Testausführung ist zu beachten: Ein Abheben des Beckens oder eine Hyperlordose in der Lendenwirbelsäule manipulieren das Testergebnis. Daher müssen Becken und Lendenwirbelsäule fixiert bleiben. Ebenso muss das zu testende Bein unbedingt gestreckt bleiben. Das Gegenbein darf die Ausgangsposition nicht verlassen.	keitsdefizite; die Flexion im Hüftgelenk ist im Ausmaß von 90° möglich Stufe 1 = Leichte Beweglichkeitsdefizite; die Flexion im Hüftgelenk ist bis zwischen 80-90° möglich Stufe 2 = Deutliche Beweglichkeitsdefizite; die Flexion im Hüftgelenk ist nur unter 80° möglich	Links_ Stufe 0
Test der Wadenmuskulatur (Mm. triceps surae)	Herr Mustermann liegt in Rückenlage auf einer Liege. Die Beine sind aufgestellt. Das zu testende Bein wird ausgestreckt und hängt mit der Hälfte des Unterschenkels über das Ende der Liege hinaus. Der Tester greift mit einer Hand die Ferse und übt leichten Zug aus. Mit der anderen Hand übt er Druck auf die Fußaußenkante aus und bringt den Fuß folgend in eine maximale Dorsalextension. Um isoliert den M. Soleus zu testen, kann in der erreichten Endposition zusätzlich das Knie gebeugt werden.	Stufe 0 = Dorsalextension bis 0° möglich Stufe 1 = Dorsalextension möglich, 0° wird nicht ganz erreicht Stufe 2 = Dorsalextension nur bis 10° unter 0°-Stellung möglich	Rechts: Stufe 0 Links: Stufe 0

In allen manuellen Beweglichkleitstests erreicht Herr Mustermann die Wertung 0. Demzufolge liegen keine auffäligen Beweglichkeitseinschränkungen vor. Da Herr Mustermann noch nicht lange aktiv Sport betreibt, war dieses Ergebniss nicht zu erwarten. Vor allem durch seine größtenteils sitzende Tätigkeit, hätten Beweglichkeitseinschränkungen vorliegen können. Herr Mustermann möchte auch in Zukunft seine Beweglichkeit erhalten und fördern. Um dies zu gewährleisten, empfiehlt sich ein präventives Beweglichkeits- und Koordinationstraining, welches ebenso vorbeugend gegen Belastungen im Alltag entgegenwirkt.

3 Trainingsplanung Beweglichkeitstraining

In der folgenden Tabelle, ist der Trainingsplan Herr Mustermann dargestellt. Dabei werden die Übungen, bzw. die Durchführung erläutert. Ebenso wird die Zielmuskulatur, die Dehnmethode sowie das Belastungsgefüge genannt.

Tabelle 3: Trainingsplanung Beweglichkeitstraining Herr Mustermann

Übung	Zielmuskulatur	Durchführung	Dehnmethode	Belastungsgefüge
Brustmuskel	M. pectoralis major	Herr Mustermann steht mit dem Blick zur Wand und hebt den rechten Arm auf Schulterhöhe. Der Ellbogen ist 90° angewinkelt und der Unterarm liegt an der Wand auf. Nun dreht sich der Herr Mustermann mit der linken Schulter samt Oberkörper von der Wand weg, bis ein Dehnreiz in der rechten Schulter zu spüren ist. Dabei ist darauf zu achten, dass in der rechten Schulter keine Ausweichbewegung nach oben hin stattfindet.	passiv-statisch	3 x 45 Sekunden
Halbmond	M. latissimus	Mit dem Rücken steht Herr Mustermann an einer Wand und stellt sein rechtes Bein überkreuzend neben das linke Bein. Dann werden beide Arme über den Kopf gestreckt und der Oberkörper so weit wie möglich zur linken Seite geneigt. Dabei darf der Kontakt zur Wand zu nicht verloren werden. Ebenso darf in der Lendenwirbelsäule keine Ausweichbewegung stattfinden.	aktiv-statisch	3 x 45 Sekunden
Ausfallschritt	M. iliopsoas	Herr Mustermann geht in einen Schrittkniestand. Mit einem Knie am Boden und dem anderen Bein nach vorn aufgestellt. Die Gesäßmuskulatur wird dabei angespannt und das Becken nach vorne-unten geschoben.	aktiv-dynamisch	3 x 10 Wiederholungen
Adduktoren	Mm. adductores	Herr Mustermann kniet auf dem Boden und stützt sich nach vorne auf den Unterarmen ab. Das Becken bleibt über den Knien. Die Knie wer-	passiv-statisch	3 x 45 Sekunden

Übung	Zielmuskulatur	Durchführung	Dehnmethode	Belastungsgefüge
		den nun so weit wie möglich auseinander geführt, bis ein Dehnreiz zu spüren ist.		
Ischios	Mm. ischiocrurales	Herr Mustermann liegt auf dem Boden in Rückenlage und streckt ein Bein in Richtung Decke. Das andere Bein bleibt auf dem Boden liegen. Das nach oben gestreckte Bein wird nun an der Wade gegriffen und Richtung Körper gezogen. Das Knie soll dabei gestreckt bleiben. Das Becken bleibt gerade und das andere Bein am Boden. Nun wird für 6-10 Sekunden gegen die Hände gedrückt, dann für 2-3 Sekunden locker gelassen um dann für 10-20 Sekunden das Bein noch näher an den Körper zu ziehen.	postisometrisch	3 x 60 Sekunden
Wade	M. triceps surae	Herr Mustermann steht mit den Fußballen auf einem Step oder einer Stufe. Die Fersen befinden sich in der Luft. Die Knie bleiben gestreckt und die Fersen werden so weit wie möglich zum Boden abgelassen.	passiv-aktiv-dynamisch	3 x 10 Wiederholungen
Taube	M. piriformis	Herr Mustermann startet im Schrittkniestand, ein Knie wird am Boden abgelegt. Das andere Bein nach vorn aufgestellt. Die Hände werden vor dem aufgestellten Bein auf dem Boden aufgelegt und das Bein wird seitlich abgelegt. Damit kommt das Knie zum Boden. Das hintere Bein wird lang nach hinten weggestreckt, das Becken bleibt parallel zum Boden.	passiv-statisch	3 x 45 Sekunden
Oberer Trapez	M. trapecius descendens	Herr Mustermann neigt seinen Kopf zur rechten Seite, während der linke Arm zum Boden zieht.	aktiv-statisch	3 x 45 Sekunden
Pflug	Mm. erector spina	Herr Mustermann liegt mit dem Rücken auf dem Boden. Die Beine werden zum Körper gezogen und in einer rückwärts-roll-Bewegung hinter den Kopf gelegt. Die Arme bleiben neben dem Körper am Boden liegen. Die Beine sind gebeugt, die Füße am	passiv-statisch	3 x 45 Sekunden

Übung	Zielmuskulatur	Durchführung	Dehnmethode	Belastungsgefüge
		Boden und die Knie werden so weit wie möglich zum Boden gebracht.		
Kobra	M. rectus abdominis	Herr Mustermann liegt mit dem Bauch auf dem Boden. Die Hände sind auf Brusthöhe neben dem Körper aufgestützt. Nun strecken sich die Arme und schieben den Oberkörper nach oben, bis eine Dehnreiz in der Körpervorderseide zu spüren ist. Der Rumpf ist dabei unbedingt anzuspannen, sodass in der Lendenwirbelsäule keine Ausweichbewegung stattfindet.	aktiv-dynamisch	3 x 10 Sekunden

Das dargestellte Programm wird drei mal die Woche ausgeführt. Jedes mal am Ende des Kraft-, bzw. Fitnesstrainings von Herr Mustermann. Da sich im Beweglichkeitstest keine Beweglichkeitseinschränkungen bemerkbar gemacht haben, wird das erstellte Dehnprogramm dafür genutzt, die bestehende Beweglichkeit zu erhalten und um eventuell eintretenden Beweglichkeitseinschränkungen, durch den sitzenden Beruf, präventiv vorzubeugen. Durch den Kraftsport kennt Herr Mustermann bereits anspruchsvolle Trainingseinheiten. Dadurch kann eine hohe Intensität im Dehnprogramm angestrebt werden, um ein optimales Ergebniss zu erreichen. Beim weichen Dehnen mit einer relativ niedrigen Intensität, bzw. lediglich bis ein Dehnreiz einsetzt, fällt im Hinblick auf die Beweglichkeit ein weniger effektives Trainingsergebniss aus, als bei einem maximalen Dehnen mit tolerierbarem Dehnschmerz (Marschall, 1999).

Für eine aufrechte Haltung, ist es wichtig die Hüftbeugemuskulatur sowie den Piriformis und die Brustmuskulatur zu dehnen. Damit wird die Neutralteilung der Wirbelsäule gewährleistet. Durch das ständige Sitzen und der damit ständigen Annäherung von Beinen und Oberkörper, ist die Hüfte gebeugt und die Schultern fallen nach vorn. Durch die ständige angenäherte Position der Körperteile im Sitzen, können Muskeln und deren fasziale Strukturen verkleben und blockieren. Dadurch wird die Hüftbeugemuskulatur und somit das Becken nach vorne gezogen und fixiert. Daraus folgt eine hyperlordose der Lendenwirbelsäule, welche versucht die neu entstandenen Belastungen zu kompensieren. Folge davon sind Rückenschmerzen sowie eine verspannte Schulter- und Nackenmuskulatur (Cordoza & Starrett, 2016, S. 36).

4 Trainingsplanung Koordinationstraining

Dadurch, dass Herr Mustermann bereits im Krafttraining koordinativ anspruchsvolle Übungen ausführt, werden bei der Trainingsplanung Übungen für Fortgeschrittene gewählt. In der folgenden Tabelle ist der Trainingsplan für Koordinationstraining dargestellt.

Tabelle 4: Trainingsplanung Koordinationstraining Herr Mustermann

Übung	Durchführung	Hilfsmittel	Belastungsgefüge
Kurzer Fuß nach Janda	Herr Mustermann steht barfuß oder in Socken auf dem Boden und versucht die drei Punkte der Ferse, des Kleinzehen- und Großzehenballens zu belasten. Dann wird der Fußballen Richtung Ferse gezogen, ohne mit den Zehen in den Boden zu krallen. Das so entstandene Fußgewölbe soll kurz gehalten werden.	Keine	2 x 60 Sekunden
Kniebeugen auf Bosuball	Schritt 1: Herr Mustermann steht mit beiden Beinen im hüftbreiten Stand auf einem Bosuball. Die Arme sind nach vorn gestreckt. Es soll möglichst ohne zu sehr zu wackeln eine Kniebeuge in der größtmöglichen Bewegungsamplitude ausgeführt. Die Fläche des Bosuballs bleibt dabei horizontal.	Bosuball	20 Wiederholungen
Kniebeugen auf Bosuball	Schritt 2: Herr Mustermanns Übung wird abgeändert. Er greift, während der Bewegung in die tiefe Kniebeugeposition mit dem rechten Arm zum linken Fuß, der linke Arm zieht Richtung Decke, der Blick und der Oberkörper folgen dem linken Arm in die Rotation. In der Aufwärtsbewegung richtet sich Herr Mustermann wieder auf und wiederholt die Übung auf der anderen Seite.	Bosuball	10 Wiederholungen pro Seite
	Schritt 3: Die Übung wird wieder, wie in Schritt 1 beschrieben durchgeführt. In der Ausgangsposition im Stand werden diesmal jedoch die Augen geschlossen. Auf Kommando werden die Augen geöffnet und Herr Mustermann geht möglichst schnell in die Kniebeuge, um in der tiefen Position einen zugespielten Ball zu fangen	Bosuball + Ball	2 x 10 Wiederholungen
Standwaage	Schritt 1: Das rechte Bein ist das Standbein und bleibt während der ganzen Übung	Keine	3 x 30 Sekunden pro Seite

Übung	Durchführung	Hilfsmittel	Belastungsgefüge
	leicht gebeugt. Das linke Bein ist in Verlängerung der Wirbelsäule, der Rumpf bleibt auf Spannung, das Becken parallel zum Boden, die Arme sind gestreckt neben dem Körper. Nun wird der Oberkörper nach vorne herab gesenkt während das linke Bein mit nach oben geht. Die Endposition ist erreicht, wenn der Oberkörper und das Bein in der Horizontalen sind.		
	Schritt 2: Die Übung wird wiederholt und diesmal dynamisch ausgeführt. Die Endposition der Standwaage in der Horizontalen wird nur kurz gehalten, Oberkörper und Bein werden wieder zur Ausgangsposition zurückgeführt ohne, dass das freie Bein aufgesetzt. Darauf wird gleich wieder in die Standwaagenen-Enposition gegangen.	keine	3 x 10 Wiederholungen pro Seite
	Schritt 3: Die Standwaagenposition wird wieder statisch eingenommen. Nur die Arme arbeiten jetzt dynamisch. Sie werden auf der horizontalen Ebene in einem großen Halbkreis über die Seite nach vorne geführt. Die Arme kommen somit in Verlängerung zur Wirbelsäule und auf gleichem Wege wieder zurück an den Oberkörper.	keine	3 x 10 Wiederholungen pro Seite
	Schritt 1: Auf möglichst gerader Linie werden Ausfallschritte ausgeführt. Die Arme werden über der Brust überkreuzt und bleiben in dieser Position.	keine	3 Bahnen mit je 5 Ausfallschritten pro Seite
Ausfallschritt	Schritt 2: Die Übung wird erweitert. Bei jedem Ausfallschritt rotiert nun zusätzlich der Oberkörper so weit wie möglich in die Richtung des vorderen Beins.	keine	3 Bahnen mit je 5 Ausfallschritten pro Seite
	Schritt 3: Zudem wird zur Rotation ebenso eine Kettlebell in die Hände genommen und eng am Oberkörper gehalten.	Kettlebell	3 Bahnen mit je 5 Ausfallschritten pro Seite

Das Koordinationstraining für Herr Mustermann wird zwei Mal pro Woche ausgeführt und in das Aufwärmen für das Krafttraining eingebaut. Die Wiederholungs- und Satzzahl ist so gewählt, dass Herr Mustermann ausreichend gefordert wird, aber noch genügenügend Reserven für das anstehende Krafttraining hat (Chwilkowski, 2006, S. 60 ff).

Der Trainingsplan start mit der Übung „kurzer Fuß nach Janda", bei dieser Übung wird das Fußgewölbe gestärkt und die Körperwahrnehmung dieser Region geschult. Das hat positive Effekte auf die Stellung der Beinachse zur Folge und ist erforderlich, um das Fußgewölbe zu stärken und zu aktivieren (Cordoza, Starrett & Starrett, 2016, S. 90-93). Die darrauffolgenden Übungen, werden durch Druckbedingungen geändert. Das hat zur Folge, dass mit jeder Änderung der Druckbedingung eine neue Herausforderung geschaffen wird.

Nach Neumair und Mechling (1994) unterscheidet man zwischen sechs motorisch-koordinativen Druckbedingungen – Zeitdruck, Präzisionsdruck, Komplexitätsdruck, Organisationsdruck, Belastungsdruck und Variabilitätsdruck. Die Kniebeuge auf dem Bosuball wird durch die Rotation des Oberkörpers (Komplexitätsdruck) erschwert und nachfolgend durch geschlossene Augen (Variabilitätsdruck) und dem Fangen eines Balls auf Zuruf (Zeitdruck). Auch die nachfolgenden Übungen in der Standwaage und dem Ausfallschritt werden durch Veränderung der Druckbedingungen erschwert bzw. abgeändert. Dabei wurden didaktische Prinzipien, wie vom Einfach zum Schweren, vom Einfachen zum Komplexen, von statischen zu dynamischen Anforderungen, beachtet (Chwilkowski, 2006, S. 56- 58). Das Training der Koordination sollte bei der Trainingszeit von zwei Stunden von Frau X nicht länger als 10 – 20 Minuten dauern und kann nach eigenem Belastungsempfinden in Übungsdauer und Wiederholungszahl angepasst werden.

5 Literaturrecherche

Es folgt eine tabellarische Darstellung von zwei Studien zum Effekt des Dehntrainings auf die Beweglichkeit.

Tabelle 5: Zwei Studien zum Effekt eines Dehntrainings auf die Beweglichkei

	Studie 1	Studie 2
Titel	Effect of Foam Rolling and Static Stretching on Passiv Hip-Flexion Range of Motion	The Effect of Time and Frequency of Static Stretching on Flexibility of the Hamstring Muscles
Autoren	Andrew R. Mohr, Blaine C. Long, Carla L. Goad	William D. Bandy, Jean M. Irion, Michelle Briggler
Publikationsdatum	04.11.14	01.10.97
Versuchspersonen	Die Studie wurde mit 40 Personen durchgeführt. Alle hatten weniger als 90° passiver Hüftbeugung und keine Verletzungen in den unteren Extremitäten in den letzten 6 Monaten vor	Die Studie wurde mit 93 Personen (61 Männer, 32 Frauen) durchgeführt. Die Personen waren zwischen 21 – 39 Jahren alt. Alle mit eingeschränkter Beweglichkeit in der hinteren Ober-

	Studie 1	Studie 2
Messung		schenkelmuskulatur
Aufbau der Studie	Gemessen wurde in 6 Einheiten jeweils vor und direkt nach einem statischen dehnen, einem ausrollen und statischem Dehnen oder nur ausrollen. Die Kontrollgruppe absolvierte keine Übungen. Die Personen wurden auf dem Rücken liegend mit Gurten über der Hüfte und dem liegenden Bein knapp über der Kniescheibe fixiert. Die Hüftbeugung im nach oben gestreckten Bein wurde mit Hilfe einem Neigungsmessgerät gemessen.	Es wurden 5 randomisierte Gruppen erstellt. 4 Gruppen absolvierten 6 Wochen lang ein Dehnprogramm. Während dieser Zeit wurde an 5 Tagen in der Woche gedehnt. Die fünfte Gruppe war die Kontrollgruppe und absolvierte kein Dehnprogramm.
Ergebnisse und Schlussfolgerungen	Im Vergleich zur Kontrollgruppe wurde In jeder Gruppe ein signifikanter Unterschied festgestellt. Die Gruppe die ausrollte und statisch dehnte zeigte die größte Veränderung. Darauf folgt die Gruppe mit dem Programm statisch dehnen. Darauf die Gruppe, die nur ausgerollt hat. Wenn es zeitlich möglich ist, ist eine Kombination von ausrollen der Oberschenkelmuskulatur mit anschließender statischer Dehnung die effizienteste Methode, die ein maximales Ergebnis im Hinblick auf die Range of Motion der Hüftbeugung bringt.	Die 5 Gruppen, die das Dehnprogramm absolvierten, zeigten eine höhere Beweglichkeit am Ende der Studie, als die Kontrollgruppe. Ein Unterschied zwischen den Methoden konnte nicht festgestellt werden. Die Ergebnisse der Studie zeigen, dass 30 Sekunden dehnen einen Effekt auf die Range of Motion, der hinteren Oberschenkelmuskulatur hat. Es wurde keine Verbesserung erzielt, wenn die Länge der Dehnung auf 30 – 60 Sekunden ausgeweitet wurde und die Häufigkeit der Trainingseinheiten von einer auf drei Einheiten pro Tag angehoben wurde.

6 Literaturverzeichnis

Bandy, W., D., Briggler, M. & Irion, J., M. (1997). The Effect of Time and Frequency of Static Stretching on Flexibility of the Hamstring Muscles. *Physical Therapy*, 77 (10), 1090-1096.

Cordoza, G. & Starrett, K. (2016). Werde ein geschmeidiger Leopard – *Die sportliche Leistung verbessern, Verletzungen vermeiden und Schmerzen lindern* (2. Aufl.). München: riva Verlag.

Cordoza, G., Starrett, K. & Starrett, J. (2016). *Sitzen ist das neue Rauchen – Das Trainingsprogramm, um Haltungsschäden vorzubeugen und unsere natürliche Mobilität zurückzugewinnen*. (1. Aufl.). München: riva Verlag.

Chwilkowski, C. (2006). *Medizinisches Koordinationstraining – Verbesserung der Haltungs- und Bewegungskoordination durch Propriozeption* (2. Aufl.). Köln: Deutscher Trainer Verlag.

Janda, V. (2000). *Manuelle Muskelfunktionsdiagnostik* (4. Aufl.). München: Urban & Fischer

Marschall, F. (1999). Wie beeinflussen unterschiedliche Dehnintensitäten kurzfristig die Veränderung der Bewegungsreichweite? *Deutsche Zeitschrift für Sportmedizin, 50* (1), 5-9.

Mohr, R., A., Long, C., B. & Goad, L. C. (2014). Effect of Foam Rolling and Static Stretching on Passive Hip-Flexion Range of Motion. *Journal of Sport Rehabilitation, 23* (4), 296-299.

Neumaier, A. & Mechling, H. (1994). Taugt das Konzept „koordinativer Fähigkeiten" als Grundlage für sportartspezifisches Koordinationstraining? In P. Blaser, K. Witte & C. Stuck (Hrsg.), *Steuer- und Regelvorgänge der menschlichen Motorik* (S. 93-105). Sankt Augustin: Academia.

7 Tabellenverzeichnis

Tabelle 1: Allgemeine biometrische Daten..3

Tabelle 2: Beweglichkeitstestung Herr Mustermann..4

Tabelle 3: Trainingsplanung Beweglichkeitstraining Herr Mustermann...........................6

Tabelle 4: Trainingsplanung Koordinationstraining Herr Mustermann...........................9

Tabelle 5: Zwei Studien zum Effekt eines Dehntrainings auf die Beweglichkeit..........11

BEI GRIN MACHT SICH IHR WISSEN BEZAHLT

- Wir veröffentlichen Ihre Hausarbeit, Bachelor- und Masterarbeit

- Ihr eigenes eBook und Buch - weltweit in allen wichtigen Shops

- Verdienen Sie an jedem Verkauf

Jetzt bei www.GRIN.com hochladen und kostenlos publizieren